100万回死んだねこ
——覚え違いタイトル集

はじめに　「覚え違いタイトル集」、始めました

「『100万回死んだねこ』ありますか？」

「小説で、『おい桐島、お前部活やめるのか？』みたいなタイトルだったと思うんだけど……」

「カフカの『ヘンタイ』を借りたいんですが……」


　図書館のカウンターには、毎日多くの利用者が本を探して質問に来られます。お探しの本を見つけるのは、司書の大事な業務のひとつです。


「『100万回生きたねこ』ですね」

「『桐島、部活やめるってよ』でしたらございます」

「『変身』でしょうか？」

「そうそう！　これを探してました！」

そう言っていただけたら成功です。嬉しそうに目当ての本を借りて帰られる様子を見送って――忘れないようにメモを書き付けます。

「『100万回死んだねこ』↓『100万回生きたねこ』、と」

うろ覚えのタイトル、本の内容の大まかなニュアンス、勘違いされていた作者名。福井県立図書館では、カウンターで出会ったそんな〝覚え違い〟をリストにし、ウェブで公開しています。それが「覚え違いタイトル集」です。

図書館は本の貸し借りをするだけの場所ではありません。大きな役割のひとつに「レファレンス」があります。簡単に言えば、利用者が探している〝情報〟にたどりつけるよう司書がお手伝いをすることを指します。

「こんな本を探してるんです」と尋ねられたとき、私たちはクイズさながら「ピンポン！　それはこちらの本では!?」と瞬時に答えているわけではありません。

「著者の名前はわかりますか？」

「どこで本のことを知りましたか？」

「いつ頃出版されたものかわかりますか？」

そんなふうに利用者に質問を重ねたうえで正解を見つけています。この一連の流れがレファレンスサービスです。

司書にとって、こうした覚え違いに接するのはごく日常的なことです。そしてそのひとつひとつが、大事なレファレンスの事例になります。このため、福井県立図書館では以前から、職員の間で「どんな相談があって、どう対応したか」を共有すべく、Excelファイルで記録をつけていました。

今から15年以上前のあるとき、当時の館長から「レファレンスサービスをもっとアピールするにはどうしたらいいか」という課題が提示されました。たしかに、レファレンスサービスの認知度は決して高くありません。その頃、福井県立図書館のホームページではもっと複雑なレファレンス事例集を公開していましたが、なかなかページビューにはつながっていませんでした。

読んでおもしろいものじゃなければ、誰もアクセスしてくれないのがウェブコンテンツです。でも図書館が発信できるおもしろいコンテンツってなんだろう。

頭を悩ませていたある日、例のExcelファイルを開いていました。

「『渋谷に朝帰り』→『渋谷に里帰り』」
「池波遼太郎→司馬遼太郎もしくは池波正太郎」
「『ぶるる』→『るるぶ』」

……これ、おもっしぇー！（福井弁で「おもしろい！」）

真面目な目的で記録していたファイルですが、実は職員の間では、共感してなごめるものになっていました。あらためて読むと、このおもしろさはきっと司書でなくても共通のはず。それどころか、私たちだけで独占していたらもったいない！

そうして２００７年に「覚え違いタイトル集」が生まれました。当初はあまりアクセスが伸びませんでしたが徐々に注目されるようになり、現在では更新のたびにＳＮＳで話題にしていただけるほどに成長しています。さらにページ内に情報提供フォームを設け、「あなたの出会った覚え違い」を募集したところ、他館の司書や学校司書、書店員など、さまざまな方が出会った覚え違いの事例を提供してくださるようになりました。

とはいえ、ただおもしろがってもらうためだけに「覚え違いタイトル集」を公開しているわけではありません。カウンターに来られる利用者のなかには、すでに館内の検索機で探したけれど見つからなかったという方もいらっしゃいます。図書館の検索システムはGoogleと違って厳密で、ちょっとした間違いがあるとヒットしません。「覚え違いタイトル集」を読むことで、間違えやすい部分に気づくようになり、自分で目当ての本にたどり着くためのヒントになるのでは？　というのも目的のひとつです。

同時に、「わざわざカウンターで相談するのもねぇ……」とハードルを高く感じていらっしゃる利用者に、「こんなふうに全然間違っていても気軽に聞いていいんだな」と知っていただきたい。情報提供を募っているのもその一環で、おもしろおかしく読めてしまうような覚え違いがたくさんあるほど安心して相談していただけるんじゃないかな、と考えています。

本書では、これまでに蒐集《しゅうしゅう》した「覚え違い」を厳選して紹介していきます。ひそかに真面目な狙いを抱えた「覚え違いタイトル集」ではありますが、まずは気軽に楽しんでいただくのがいちばんです。読んで笑ってもらって、そして図書館をもっと身近に感じていただけたら嬉しいです。

福井県立図書館

もくじ

気持ちはわかるけど……

ん？

なんかまざってます！

お名前がちょっと……

そもそもレファレンスって？ 司書の仕事って？……171

厳選！
覚え違いタイトル集

福井県立図書館「覚え違いタイトル集」に掲載された893件（2021年9月1日現在）のなかから90件を厳選。左ページに利用者がうっかり覚え違えたタイトルとかわいいイラスト、ページをめくると正しいタイトルと司書によるレファレンス、書誌情報が出てきます（1ページにまとめたものもあります）。みなさんは正しいタイトルにいくつたどり着けますか？

Q 探しています 01

夏目漱石の『僕ちゃん』

お借りできます？

A

こちらでしょうか

『坊っちゃん』でよろしいですね。

古典的名作がずいぶんかわいらしくなりました。社会が移り変わる明治の世を背景に、教師として四国に赴任した〝坊っちゃん〟が巻き起こす騒動を描いた青春小説です。無鉄砲で喧嘩っ早い坊っちゃんですが、彼をかわいがって育てた下女の清《きよ》からは〝僕ちゃん〟に見えていたかもしれません。

『坊っちゃん』
夏目漱石［著］
岩波少年文庫　2002年　ほか

Q

探しています

02

『下町のロボット』
ってありますか？

A

こちらでしょうか

『下町ロケット』ならございます。

こちらの聞き間違いかと思い、利用者に聞き返してしまいました。カウンターで直接お尋ねいただくと、そういうケースがたまにあるんです。ドラマ化もされた人気作品なので、すぐにお探しのものを見つけられました。よかったです。そしてたしかに佃製作所ならロボットもつくれるかもしれません。

『下町ロケット』
池井戸潤［著］
小学館　2010年

Q

探しています

03

『IQ84』
『1984』
『1Q89』
……

A

こちらでしょうか

『1Q84』

が正解です！

これはもう、間違いやむなしです。刊行前にタイトルが発表されたときには「絶対に覚え違いが発生する……！」と、全国の図書館員がザワついたことでしょう。少なくとも当館ではそうでした。人気作家の新刊が複雑なタイトルだった場合に身構えるのは、〝図書館あるある〟なんです。

『1Q84』BOOK1-3
村上春樹［著］
新潮社　2009-2010年

Q

探しています

04

恩田陸の
『なんとかのカーニバル』
ってタイトルだったと
思うんだけど……

A

こちらでしょうか

『夜のピクニック』ですね、きっと。

カーニバルもピクニックも楽しそうです。著者の**恩《おん》田《だ》陸《りく》**に関しては「『**おんだむつみ**』で検索したけれど見つからない」「『**蜂蜜と遠雷**』はありますか?（正しくは『**蜜蜂と遠雷**』）」など、ほかにも覚え違いの事例が複数あります。それだけ読みたい方が多いということですね。

『夜のピクニック』
恩田陸［著］
新潮社　2004年

Q 05

探しています

宮部みゆき『ソロモンの秘宝』ありますか?

A

こちらでしょうか

『ソロモンの偽証』ですね。

著者名を添えていただいて助かりました。実は『ソロモンの秘宝』という題名の書籍は実在するのです。危うく間違って、荒巻義雄の伝奇SFをお出しするところでした。ほかにも『ソロモンの◯◯』という本は複数存在するので、お探しの際はタイトル以外の情報も付け足していただけると見つかりやすくなると思います。

『ソロモンの偽証』
第Ⅰ・Ⅱ・Ⅲ部
宮部みゆき［著］
新潮社 2012年

Q 06

探しています

『先生が好きな等式』を探しています。

こちらでしょうか A

『博士の愛した数式』でしょうか。

数式のなかでも等式限定でお好きとは、こだわりの強い先生ですね。こちらの本は2004年に本屋大賞を受賞、文庫版は発売2ヵ月で100万部突破と、大ヒットしました。ちなみに『**博士の愛した数学**』という覚え違いのパターンもあります。はやりの作品は覚え違いも豊富になりがちです。

『博士の愛した数式』
小川洋子［著］
新潮社 2003年

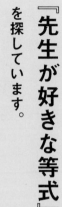

Q

探しています

07

『蚊にピアス』はどこにありますか？

A

こちらでしょうか

『蛇にピアス』ですね。

リクエストカードの字面で見たら、司書も間違いを一瞬見逃してしまいそうです。こういう覚え違いの場合、利用者にお探しのものを提供して一息ついたあと、あらためて見返して「蛇《へび》じゃなくて蚊《か》って書いてあったわ！」と初めて気づくようなことがあるんです。

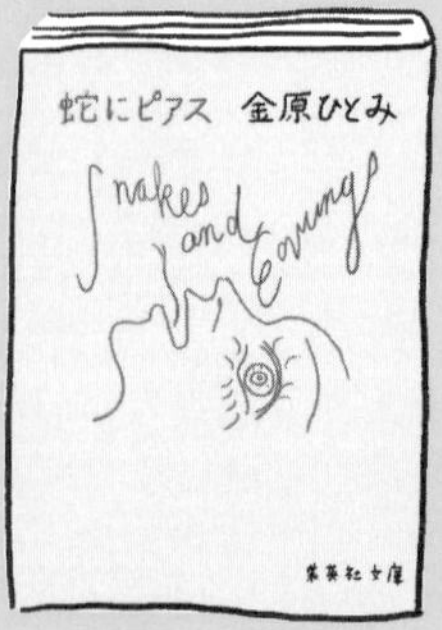

『蛇にピアス』
金原ひとみ［著］
集英社　2004年

Q

探しています

08

『大木を抱きしめて』ってありますか？

A

こちらでしょうか

『敗北を抱きしめて』ですね。

惚れ惚れするほどきれいな覚え違いですね。第二次世界大戦終戦後、ＧＨＱ占領下の日本を分析した大著が、自然保護系のノンフィクションみたいになりました。ちなみに本書はピューリッツァー賞を受賞しています。

『敗北を抱きしめて』上・下巻
ジョン・ダワー［著］
（上）三浦陽一、高杉忠明［訳］
（下）三浦陽一、高杉忠明、田代泰子［訳］
岩波書店 2001年

Q

探しています

09

『おじおじのたんじょうび』はどこにありますか？

A

こちらでしょうか

『ジオジオのたんじょうび』ならこちらです。

お菓子が大好きなライオンの「ジオジオ」が、自分の誕生日に特別なケーキを注文。それを叶えるため、周りの動物たちが一生懸命材料を集めます。「ジオジオ」は70歳と高齢なので、「おじおじ」でもあるかもしれませんね。50年以上にわたり読み継がれている名作絵本です。

『ジオジオのたんじょうび』
岸田衿子［作］
中谷千代子［絵］
あかね書房　1970年

Q 10

探しています

『うんちデルマン』ってありますか？

こちらでしょうか

A

『うんこダスマン』ですね。

「うんち」と「うんこ」、「でる」と「だす」、2ヵ所も覚え違いポイントが！全部ひらがなやカタカナであっても見つけるのは案外難しいのが児童書です。ちなみにこの作品は「うんこのえほん」シリーズの第2弾なのですが、第1弾は『うんぴ・うんにょ・うんち・うんご』でした。こちらも正しく覚える難易度がなかなか高そうですね……。

『うんこダスマン』
村上八千世［文］
せべまさゆき［絵］
ほるぷ出版 2001年

Q 11

探しています

『あでらんすの鐘』ありますか？

A

こちらでしょうか

『あんでらすの鐘』ですね。

撞《つ》いたら髪の毛がフサフサになる鐘なんてあったらありがたいですね。江戸時代の京都を舞台にした人情小説で、お寺も登場します。巻を重ねている人気シリーズなので、作者名を添えていただければ間違ってヘアケア本をご案内せずに済むと思います。

『あんでらすの鐘』
澤田ふじ子［著］
中央公論新社　2011年

Q

探しています

12

『ゴリラ爺さん』

ありますか？

A

こちらでしょうか

『ゴリオ爺さん』でしょうか。

19世紀のパリ社交界を描いた小説です。そんな華やかな世界に年老いたゴリラがいたらシュールですね。実はこれは、20年前にとある図書館で耳にした方が、ずっと忘れられずにいたという覚え違いです。新聞で「覚え違いタイトル集」の存在を知り、「投稿先が見つかった！」と情報提供してくれました。サイトをやっていてよかったです！

『ゴリオ爺さん』
バルザック［著］
平岡篤頼［訳］
新潮文庫 1972年

Q

探しています

13

『いろんな客』っていう本ありますか？

A

こちらでしょうか

『うろんな客』でしょうか。

いろんなお客さんが来たら楽しそうですが、その分おもてなしが大変そうですね。

絵のタッチがとても特徴的な作者なので、「ちょっと怖い雰囲気の」などと言っていただけると見つけやすくなりそうです。

ちなみに、韻を多用した文章もこの作者のもうひとつの特徴です。そう考えて見てみると「いろんな」と「うろんな」は韻を踏んでますね。

『うろんな客』
エドワード・ゴーリー［著］
柴田元幸［訳］
河出書房新社　2000年

Q 14

探しています

『トコトコ公太郎』
とかいう本を
探してるんだけどね……

A

こちらでしょうか

『とっとこハム太郎』のことですね。

お孫さんに頼まれて縦書きでメモをとられたんですね、きっと。『ハム太郎』のアニメを観て育った世代の〝公太郎〟くんは、あだ名が〝ハム太郎〟になったのかな……と思いを馳せました。

『とっとこハム太郎』
河井リツ子［著］
小学館　1997年

Q

探しています

15

村上春樹の『そば屋再襲撃』はありますか？

A

こちらでしょうか

『パン屋再襲撃』ですね。

村上春樹にそば屋のイメージはあまりないかもしれません。麺類で言うならスパゲッティでしょうか。刊行から年数が経っている作品の場合、「かなり前に読んだ作品で……」と情報をいただくこともあるのですが、それがどれくらいの時間経過を指しているのかレファレンス・インタビューで探り当てるのは司書の腕の見せどころです。

『パン屋再襲撃』
村上春樹［著］
文藝春秋　1986年

Q

探しています

16

『中村屋の坊主』はどこですか？

A

こちらでしょうか

『中村屋のボース』ですね。

おいしそうなカレーの匂いをかぎながら新宿中村屋で丁稚奉公する少年の姿が浮かびます。それともカレーを食べるお坊さんでしょうか。インド独立の闘士だったボース氏の評伝が、ずいぶんと微笑ましいものになりました。固有名詞が入るタイトルは探し当てる難易度が高めです。

『中村屋のボース』
中島岳志［著］
白水社 2005年

Q 17

探しています

『白い器』ってどこかな？

A

こちらでしょうか

『砂の器』のことでしょうか。

一瞬、雑貨屋の店員気分を味わえました。『砂の器』のようにこれまでに何度も映像化されてきた作品ですと、「昔観た映画の原作で……」と探しに来られる方がときどきいらっしゃいます。思い当たるものがあれば「こんなシーンがある映画じゃないですか？」とそれとなく尋ねて、タイトルを導き出すお手伝いをします。

『砂の器』上・下巻
松本清張［著］
新潮文庫　1973年

Q 18

探しています

『私のソフレ』ありますか？

A

こちらでしょうか

『私のスフレ』でしょうか。

入浴剤も甘いものも、どちらも気分が上がりますね。美容エッセイもたくさん書いている著者なので、「ソフレ」でもありえそうです。熱心なファンの方が多いため、「林真理子さんの新刊で」と著者名をつけて尋ねられることが大半です。探しやすくて助かります。

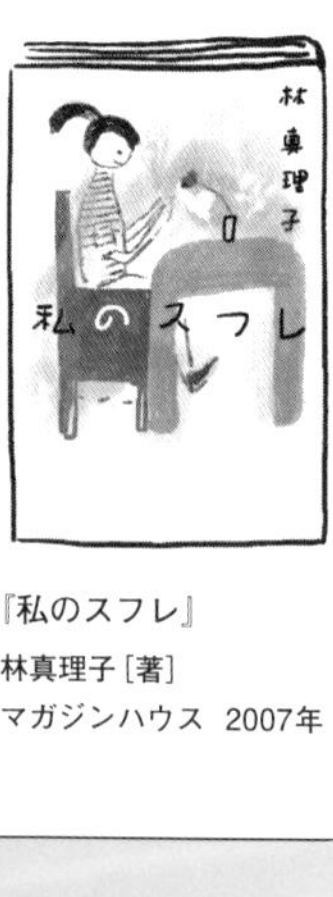

『私のスフレ』
林真理子［著］
マガジンハウス　2007年

Q

探しています
19

『お尋ね者は図書館まで』を探してて……

A

こちらでしょうか

『お探し物は図書室まで』

ですね。

図書館はあらゆる人に開かれています。でもお尋ね者が来たらさすがにどうしましょう……。小さな図書室のレファレンスカウンターを舞台に、利用者の本音や悩みを聞いた司書がそれぞれに合った本を選書するという連作短編集です。現実にはカウンターで悩み相談に乗って差し上げることは難しいですが、私たちもお探しのものを見つけるお手伝いをしていきます。

『お探し物は図書室まで』
青山美智子［著］
ポプラ社　2020年

Q 20

探しています

『妊婦にあらず』って本なんですが……

こちらでしょうか A

『奸《かん》婦《ぷ》にあらず』でしょうか。

これはなかなか避けがたい間違いです。妊婦は身近にいる一方で、奸婦と言われるほどの稀代の悪女にお目にかかるのは難しいですもんね。忍びとして育てられた主人公が、内情を探るために井伊直弼に接近し、やがて恋仲になってしまい運命に翻弄されてゆく――という時代小説です。

『奸婦にあらず』
諸田玲子［著］
日本経済新聞社　2006年

Q 21

探しています

『痔』ある？

A

こちらでしょうか

『痣《あざ》』ですかね、きっと。

切羽詰まり具合が違ってきますね。提供いただいた事例でして、お父様が間違って記したメモを投稿者に渡し、おつかいを頼んだのだそうです。警察小説を頼んだはずが医療本を借りて帰られたら、お父様はびっくりされたことでしょう。それにしても、手書きの機会が減っている今、「痔」が書けるのはすごいです。

『痣』
伊岡瞬［著］
徳間書店　2016年

Q

探しています

22

『100万回
死んだねこ』
貸してください。

A

こちらでしょうか

『100万回生きたねこ』ですね。

このねこは１００万回死んで１００万回生きているので、あながち間違いではありません。１００万回の生き死にを繰り返しても泣かなかったねこが、初めて他者に惹かれて愛を知る、絵本の名作中の名作。あまりに有名なので、こう言われても悩むことなくご案内できるはずです。ちなみに『**１００日後に死んだ猫**』という覚え違いのパターンもありました。こちらはワニの影がチラついてちょっと悩みます。

『100万回生きたねこ』
佐野洋子［作・絵］
講談社　1977年

Q

探しています

23

『摂氏451度』ってありますか？

A

こちらでしょうか

『華氏451度』ですね。

それは熱い！　本を読むことも所有することも禁じられ、見つかると燃やされる社会を描いたＳＦ小説です。華氏４５１度は紙の発火温度なんだそう。摂氏に置き換えると約２３３度です。摂氏４５１度は倍近いことになりますね。司書として、本が燃やされる社会の到来は拒否したいところです。

『華氏451度』
レイ・ブラッドベリ［著］
宇野利泰［訳］
ハヤカワ文庫　1975年

Q

探しています

24

『情弱探偵』が読みたいのですが。

A

こちらでしょうか

『病弱探偵』ですね。

それはそれで面白そうです。探偵といえば情報収集に長《た》けていないとできない職業のイメージですが、どうやって推理するのか興味を引かれます。実際の作品は、体が弱くて寝込みがちな女子高生がベッドで〝安楽椅子探偵〟をする青春ミステリーです。この覚え違いをしていた方は、正しいタイトルにたどり着いて小説を読んだ後も、さらに『虚弱探偵』だと覚え違いをしていたとのことです。

『病弱探偵』
岡崎琢磨［著］
講談社　2017年

Q

探しています

25

『おい桐島、お前部活やめるのか？』ある？

A

こちらでしょうか

『桐島、部活やめるってよ』

ですね。

桐島いるの!?　いわゆる〝スクールカースト〟の頂点だった彼の退部の噂が校内で波紋を広げてゆく青春群像劇です。ただし、本作では桐島本人は一切登場しません。彼が不在であることが作品の肝のはずなんですが、語気荒く「おい桐島」と呼びかけたら、うっかりご本人が出てきてしまいそうですね。はたして彼は何と答えるのか……。

『桐島、部活やめるってよ』
朝井リョウ［著］
集英社　2010年

Q

探しています

26

『ねこのとうさん
大ピンチ』
ってどこにありますか?

A

こちらでしょうか

『ネズミ父さん大ピンチ！』ですね。

動物の世界でも親の大変さは同じなのかもしれませんね。ネズミ一家の暮らす家に黒ネコがやってきて生活が脅かされ、一家のお父さんがどうにか作戦を考えるという絵本です。ネズミの父さんはネコをピンチに追い込めるのでしょうか？ぜひ確かめてみてくださいね。

『ネズミ父さん大ピンチ！』
ジェフリー・ガイ［作］
ないとうふみこ［訳］
勝田伸一［絵］
徳間書店　2007年

Q 27

それはタイヘン!

探しています

『衝撃の巨人』ある?

A こちらでしょうか

『進撃の巨人』ですね。

とにかく大変なことが起きているのは伝わります。しかし、あいにく当館では所蔵がございません。基本的に漫画は収集しない方針になっています。例外として、郷土資料や地元にゆかりのある作品は所蔵しています。最近ですと、主要キャラクターが福井県出身ということで、『ちはやふる』（末次由紀、講談社）を置いており、よく借りられています。

『進撃の巨人』1-34巻
諫山創［作］
講談社　2010-2021年

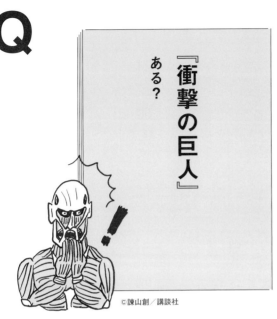

Q 28

探しています

山本幸久の『渋谷に朝帰り』はありますか?

てゆーか
チョー朝
なんだけどww

こちらでしょうか **A**

『渋谷に里帰り』ですね。

「渋谷」といったら「里帰り」より「朝帰り」のほうに親和性がありますね。いずれにせよ渋谷に家がある人の話にはなるのですが。本作の主人公は、小学6年生まで渋谷で育った営業マンの青年です。親の事業の失敗で転居して以来、頑《かたく》なに渋谷を避けていたけれど、先輩の寿退社に伴って担当エリアとして引き継ぐことになり——というお仕事小説です。

渋谷に里帰り
山本幸久

『渋谷に里帰り』
山本幸久［著］
日本放送出版協会
2007年

Q 探しています 29

今年の本屋大賞を取った人が書いた『滅びた後のシンデレラ』はどこにありますか？

A

こちらでしょうか

『滅びの前のシャングリラ』ならございます。

廃墟と化したお城にたたずむシンデレラ、退廃的で心惹かれます。『流浪の月』で第17回本屋大賞（2020年）を受賞した凪良ゆうの小説ですね。地球に小惑星がぶつかって滅びるまでの1ヵ月を描いた連作短編です。本屋大賞は予約数への影響が大きいので、司書が気にかける賞のひとつです。

『滅びの前のシャングリラ』
凪良ゆう［著］
中央公論新社　2020年

Q

探しています

30

カフカの『ヘンタイ』ってあります？

A

こちらでしょうか

『変身』ですね！

昆虫が成長の過程で大きく姿を変えることを「変態」と言います。それを踏まえると、この覚え違いは奥深いですね。グレーゴル・ザムザは人間から虫に変態したと言えなくないのかも。実際にカウンターで「カフカの『ヘンタイ』を」と言われたら、聞こえなかったことにして「『変身』ですね！」とご案内すると思いますが……。

『変身』
フランツ・カフカ［著］
高橋義孝［訳］
新潮文庫　1952年　ほか

Q 探しています 31

ドラマでやってた『100リットルの涙』ってありますか？

A

こちらでしょうか

『１リットルの涙』ですね。

涙の海に溺れそうです。10代で「脊髄小脳変性症」という難病にかかった女性がつづった闘病日記で、実は刊行は30年以上前です。２０００年代に映画化、ドラマ化され、広く知られるようになりました。翻訳もされており、各国で読まれています。本書を読んだ人が流した涙の総量は１００リットルどころではないことでしょう。

『1リットルの涙』
木藤亜也［著］
エフエー出版　1986年

Q

探しています

32

『年だから解雇よ』
みたいな本なんですが……

A

こちらでしょうか

『トシ、1週間であなたの医療英単語を100倍にしなさい。できなければ解雇よ。』

でしょうか。

世知辛すぎます。せめて定年まで待ってほしい。それにしても、実際のタイトルがものすごく長いですね。これは覚え違いどころか、部分的にしか覚えられないのも致し方ないと思います。近年、タイトルの長い本がとても増えました。検索するときは心してかかります。

『トシ、1週間であなたの医療英単語を100倍にしなさい。できなければ解雇よ。』
田淵アントニオ［著］
SCICUS　2009年

Q 探しています 33

『普通のまま
発狂したい』
って本ありますか？

A

こちらでしょうか

『平熱のまま、この世界に熱狂したい』ですね。

何があったのでしょうか。なかなか込み入った願望です。「発狂」は今どきなかなか出版物では使われませんね。著者がアルコール依存症や離婚を経てたどり着いた、日常の幸せや発見を描くエッセイです。

『平熱のまま、この世界に熱狂したい』
宮崎智之［著］
幻冬舎　2020年

Q 探しています 34

『ひとりになりたい』

って本は……

A

こちらでしょうか

『ひとりたりない』のことでしょうか。

疲れてらっしゃいますか？　と、とぼけてみましたが、実はこれは司書の覚え違いです。利用者は正しいタイトルを教えてくれていたのに脳内で勝手に変換してしまって、書架を歩きながら「『ひとりになりたい』……『ひとりになりたい』、どこかな？」と探していたそうです。忙しい日だったのかな……。

『ひとりたりない』
今村葦子［作］
堀川理万子［絵］
理論社　2009年

Q 探しています 35

『背中を蹴飛ばしたい』って本なんですが……

A

こちらでしょうか

『蹴りたい背中』ですね。

蹴る力が一段強くなった気がします。芥川賞を受賞して20年近く経つ今でもとてもよく借りられている作品です。受賞当時から今に至るまで、同じような覚え違いがずっと繰り返されていることでしょう。名作の証ですね。

『蹴りたい背中』
綿矢りさ［著］
河出書房新社　2003年

Q 36

探しています

カズキ・イシダの『わたしを探さないで』ありますか？

A

こちらでしょうか

カズオ・イシグロの『わたしを離さないで』ですね。

家出の書き置きみたいですね。カズオ・イシグロの作品は、2017年にノーベル文学賞を受賞して以来格段に貸出数が増えました。こちらは著者名とタイトルと二段構えで覚え違いが発生していますが、〝カズキ・イシダ〟は図書館のデータベースに存在しないのでセーフです。実在の人名との覚え違いになると難易度が急上昇します。

『わたしを離さないで』
カズオ・イシグロ［著］
土屋政雄［訳］
早川書房 2006年

Q

探しています

37

ドラマ化した
『私、残業しません』
って本ありますか？

A

こちらでしょうか

『わたし、定時で帰ります。』ですね。

言葉は真逆ですが意味は合っていますし、間違える気持ちが痛いほどわかります。実は一時期、『わたし、定時に帰ります。』と間違って覚えかけました。「てにをは」が間違っていると図書館の検索では弾かれてしまうので、危なかったです。ご自身で検索する際も、不安なときは助詞を抜いてキーワードで検索することをおすすめします。

『わたし、定時で帰ります。』
朱野帰子［著］
新潮社　2018年

Q 38 探しています

『俺たちに明日はない』はどこにある？

気持ちはわかるけど……

A こちらでしょうか

『君たちに明日はない』のことでしょうか。

リストラ請負会社に勤める主人公がさまざまな業種の会社員にリストラを言い渡し、そこから起きるドラマを描いたサラリーマン小説です。「君たち」が「俺たち」になると、途端にリストラされた側の逆襲劇のようになりますね。同名の古い映画にならって最後は銃撃戦ですね、きっと。

『君たちに明日はない』
垣根涼介［著］
新潮社　2005年

Q 39

探しています

『もっと静かにしてくれ』って本はあるかな？

気持ちはわかるけど……

A

こちらでしょうか

『頼むから静かにしてくれ』ならございます。

どうやら静けさが足りなかったようですね。村上春樹の作品に影響を与えたとされるアメリカ人作家で、本作以外にも村上春樹が翻訳を手掛けた作品集が多数あります。２人の作品を読み比べてみるのも楽しそうですね。

『頼むから静かにしてくれ』
レイモンド・カーヴァー［著］
村上春樹［訳］
中央公論社　1991年

Q

探しています

40

『人は見た目が7割』
って本は置いてますか？

A

こちらでしょうか

『人は見た目が9割』ですね。

ほんとうに、せめて7割くらいであってほしいですよねぇ。9割と言われてしまうとなかなかつらいところです。本書が大ヒットした影響なのか、一時期「○○は□□が△割」というパターンの新刊が増えました。数字が入るとキャッチーではありますが、覚え違いは起きやすくなります。

『人は見た目が9割』
竹内一郎［著］
新潮新書　2005年

Q 41

探しています

『人生が片付くときめきの魔法』を探しています。

A

こちらでしょうか

『人生がときめく片づけの魔法』でしょうか。

人生を片づけるとなると、どことなく不穏な雰囲気が漂いますね。収納や片づけ術は貸し出しの多いジャンルです。なかでも世界のスターKONMARIの著書は群を抜いてよく動きます。なお、「近藤さんが書いた片づけの本」でお問い合わせいただくと、この分野ではもうひとり、近藤典子という人気の著者がいるのでご注意くださいませ。

『人生がときめく片づけの魔法』
近藤麻理恵［著］
サンマーク出版 2011年

Q

探しています

42

『俺がいて俺だけだった』みたいなタイトルの本

ローリングって名前のホストの人が書いた本

A

こちらでしょうか

ROLANDの『俺か、俺以外か。』のことですね。

ご本人のキャラクターと語感のキャッチーさから、疑念を持たずに受け入れていましたが、正しいタイトルもよく考えると不思議な文章です。正確に全部言うと「世の中には二種類の男しかいない。俺か、俺以外か」だそうです。ホストクラブの床を転がりながらこの言葉を口にするご本人を想像すると和《なご》みますね。

『俺か、俺以外か。』
ROLAND［著］
KADOKAWA　2019年

Q 探しています 43

『何故ジープで来た』ってありますか？

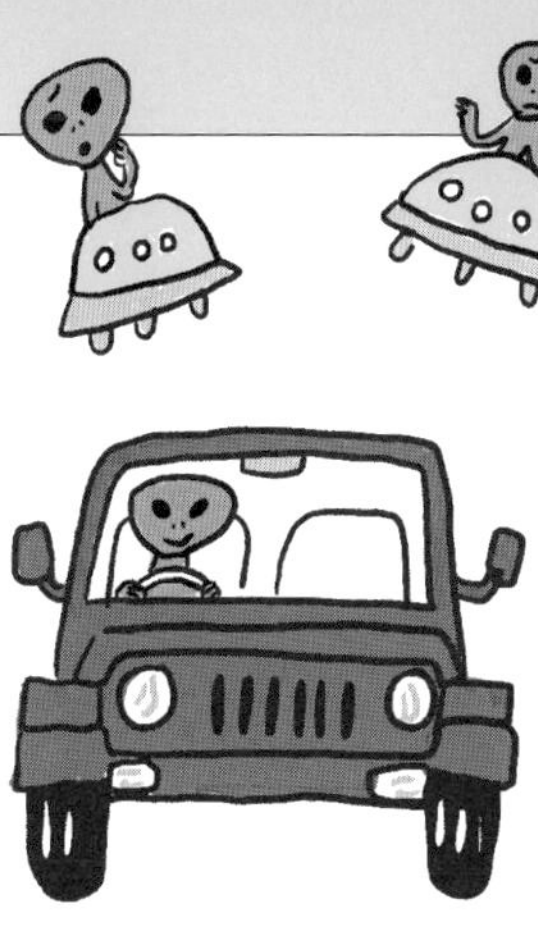

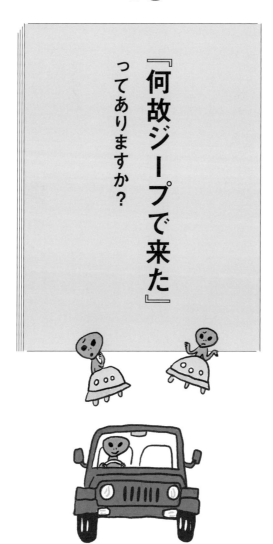

A

こちらでしょうか

『まさかジープで来るとは』ですね。

又吉直樹と文筆家のせきしろによる自由律俳句集の第2弾です。およそそんなイメージのない2人が強めに「何故」と問い詰めてきたら、よほどのことなんだろうと思わされますね！「駐車場が狭い」と事前に再三伝えていたんでしょうか。

『まさかジープで来るとは』
せきしろ、又吉直樹［著］
幻冬舎　2010年

Q 44

探しています

高樹のぶ子の『オンライン飛行』が読みたいのですが……

気持ちはわかるけど……

A

こちらでしょうか

髙樹のぶ子の『オライオン飛行』ですね。

2020年にいただいた問い合わせです。リモートワークがはやり始めたご時世を感じますね。墜落事故で重症を負ったフランス人飛行士と日本の女性看護師が恋に落ち別れた足跡を、80年後に女性の姪の娘がたどっていくという歴史を駆ける恋愛小説です。

『オライオン飛行』
髙樹のぶ子［著］
講談社 2016年

Q 45

探しています

『ピカソはそんなにえらいのか』岩波新書なんだけど……

気持ちはわかるけど……

A

こちらでしょうか

新潮新書の『ピカソは本当に偉いのか？』ですね。

ピカソと何かあったんですか？　岩波新書だとしたら、らしからぬタイトル付けですね。とはいえ、レーベルこそ違っても「新書」と教えていただくのはお調べするときに大きな手がかりになります。ピカソの評価に疑問を抱く人に向けた解説書なので、内容の方向性も合っていますよ。

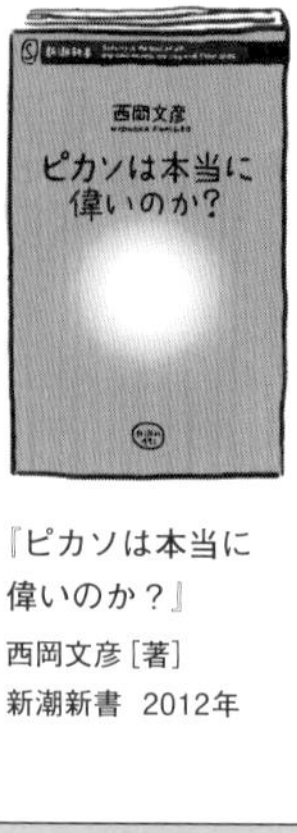

『ピカソは本当に偉いのか？』
西岡文彦［著］
新潮新書　2012年

Q 探しています 46

『紙つくれ』って本ある？

A

こちらでしょうか

『紙つなげ！彼らが本の紙を造っている』ですね、きっと。

日本製紙石巻工場が東日本大震災の甚大な被害から復興していく道程をつづったノンフィクションです。日本製紙は国内の出版用紙の4割を生産していて、石巻はその主力工場なんだそう。操業停止してしまうと出版業界への影響は甚大。紙をつくりたくてもつくれない、そんな状況を打破するために奮闘する様子が記されています。

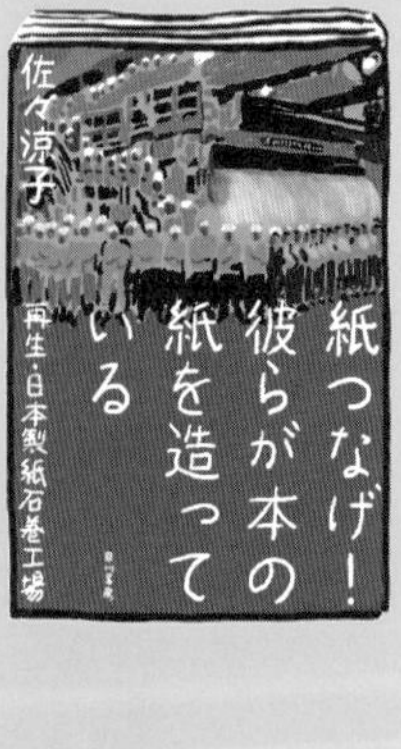

『紙つなげ！ 彼らが本の紙を造っている』
佐々涼子［著］
早川書房 2014年

Q

探しています

47

伊坂幸太郎の
『あと全部ホリデイ』
はどこにありますか？

A

こちらでしょうか

『残り全部バケーション』ならこちらです。

なぜでしょう、頭のなかで松浦亜弥が歌って踊ってます。口にしたくなる語呂の良さがすごい。裏稼業を抜けようとする男とその上司を中心にした、連作短編集です。

『残り全部バケーション』
伊坂幸太郎［著］
集英社　2012年

Q

探しています

48

『あだしはあだしで
いぐがら』
だったかな？

A

こちらでしょうか

『おらおらでひとりいぐも』ですね。

とにかく標準語の発音ではなかったことを覚えていらしたんですね。タイトルは宮沢賢治「永訣の朝」からの引用です。第54回文藝賞、第１５８回芥川賞受賞作で、田中裕子主演で映画化されました。

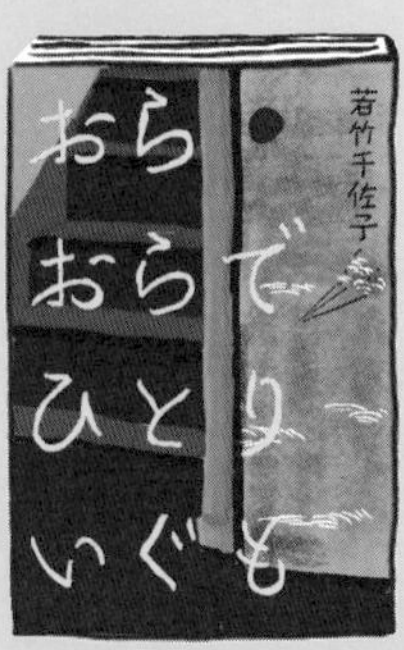

『おらおらでひとりいぐも』
若竹千佐子［著］
河出書房新社　2017年

Q

探しています

49

ねじ曲がった
クロマニョン
みたいな名前の
村上春樹の本
ありますか？

A

こちらでしょうか

『ねじまき島クロニクル』ならございます。

なんだか苦しそうです！　実はこの覚え違いにはさらにもう一段階あって、レファレンスカウンターでこの質問を受けた司書はそれまでずっと『ねじまき島クロニクル』だと思っていたとのこと。「これを機に正しく覚えられました」と言っていました。

『ねじまき島クロニクル』第1-3部
村上春樹［著］
新潮社　1994-1995年

Q 探しています 50

『八月の蟬』
角田和代
ありますか?

A

こちらでしょうか

角田光代の『八日目の蟬』ですね。

ふつう、蟬が鳴くのは8月ですものね。それだけに、一度こう覚えてしまったら、修正するのはなかなか難しそうです。実際、いまだにときどき「どっちが正しかったっけ？」と考え込みます。ドラマ化、映画化を経て、今もよく借りられている作品です。

『八日目の蟬』
角田光代［著］
中央公論新社　2007年

Q

探しています

51

フォカッチャの『バカロマン』ありますか?

A

こちらでしょうか

ボッカッチョの『デカメロン』でしょうか。

イタリアの平らなパンかと思ったら大きい果物でした。日本語話者にとっては「デカメロン」自体、覚え違いかと不安になるタイトルですよね。世界史の教科書でおなじみのルネサンス期イタリア文学です。ペストが流行する街から逃れてきた10人の男女が話す物語という形式なので、今読むとなおのこと興味深そうですね。

『デカメロン』上・中・下巻
ボッカッチョ［著］
平川祐弘［訳］
河出文庫 2017年 ほか

Q 52

探しています

『ドクター ドリンク 宇宙へgo』

はどこにありますか？

ん？

A

こちらでしょうか

『ドリトル先生月へゆく』

ならこちらです。

1単語も合ってないですが全部惜しい！　なぜ最後が英語になっちゃったのでしょうか。戦前からずっと読まれ続けている児童文学です。「宇宙へgo」のおかしさに興味を引かれて『ドリトル先生』を手に取る子どもが1人でも増えてほしい、そう思うくらいの名作です。

『ドリトル先生月へゆく』
ヒュー・ロフティング［作・絵］
井伏鱒二［訳］
岩波書店　1962年

Q 53

探しています

『家康家を建てる』という本を探してるんですが……

ん？

A

こちらでしょうか

『家康、江戸を建てる』ですね。

ちょっと小さくまとまっちゃいましたね。家康なら、せめて城にしてほしいところです。江戸という都市がどのようにつくりあげられたか、複数の世代にまたがって描いた連作短編集です。

『家康、江戸を建てる』
門井慶喜［著］
祥伝社文庫　2018年

Q

探しています

54

『そのへんの石』ってあります？

A

こちらでしょうか

『路傍の石』のことでしょうか。

趣《おもむき》こそ消えたものの、路傍とは「みちばた」の意なので大まかには合っています。明治時代、貧しい家に生まれたがゆえに進学を諦めた青年が、苦労しながらも人生を切り拓こうとする物語です。戦前からたびたび映像化されており、近年になってコミカライズもされています。

『路傍の石』
山本有三［著］
新潮文庫　1980年　ほか

Q

探しています

55

『ブラック・ア・ペン』
が見つかりません。

A

こちらでしょうか

『ブラックペアン1988』

ですね、きっと。

英語の教科書の例文みたいです。文法は破綻していますが……。映像化も複数回された『チーム・バチスタの栄光』につながる作品です。３部作になっており、『ブレイズメス１９９０』『スリジエセンター１９９１』と続きます。図書館の検索機では片仮名＋数字のタイトルは完全一致が必要になるので、見つからなかったらすぐ聞いてくださいね。

『ブラックペアン1988』
海堂尊［著］
講談社　2007年

Q

探しています

56

村上春樹『とんでもなくクリスタル』はどこですか？

A

こちらでしょうか

村上龍『限りなく透明に近いブルー』のことでしょうか。

ものすごく光り輝いていそうですね。村上春樹と村上龍の覚え違いは、意外と今でもよく発生します。そしてこの場合、『限りなく～』をご案内しましたが、実は**田中康夫**の『**なんとなく、クリスタル**』をお探しだった可能性も？

『限りなく透明に近いブルー』
村上龍［著］
講談社　1976年

Q

探しています

57

『からすのどろぼうやさん』

を探しています。

A

『どろぼうがっこう』でいいですか？

「どろぼうやさん」ってどんな仕事？と思いましたが、学校があるなら仕事もありだなと妙に納得してしまいました。同じかこさとしの絵本に**『からすのパンやさん』**シリーズがありますので、これが混じったのでしょうね。当館では絵本は画家ごとにまとめて置いているので、こういう場合は棚にご案内して直接見ていただくこともあります。

『どろぼうがっこう』
かこさとし［作・絵］
偕成社　1973年

Q

探しています

58

『ハーメルンの音楽隊』
ありますか？

なんかまざってます！

A

こちらでしょうか

『ハーメルンのふえふき』でしょうか。

ずいぶんにぎやかな行進になりました。**ブレーメンの音楽隊**が飛び入り参加していませんか？　ハーメルンの町でひとりの男が笛をふくと、町中の子どもたちが彼の後をついていき二度と戻らなかった――日本でもおなじみの童話です。楽隊だったら、子どもたちも一緒にパレードしてちゃんと帰ってきてくれそうですね。

『ハーメルンのふえふき』
アンネゲルト=フックスフーバー［絵］
おざわとしお［文］
偕成社　1985年
ほか、『ハーメルンの笛ふき男』のタイトルのものもあります

Q 59

探しています

ホリエモンの本で『大きな家事』ってありますか？

なんかまざってます！

A

こちらでしょうか

松橋周太呂の『すごい家事』ならございます。

ピン芸人兼放送作家の著者は**「家事えもん」**という愛称でも活動されています。ですので、これはきっと「えもん」違いですね。ちなみに少し調べたところ、ホリエモンは家事代行サービス利用推進派のようです。大きなお部屋の家事は大変ですもんね。

『すごい家事』
松橋周太呂［著］
ワニブックス 2015年

Q 60

探しています

山本幸久の『あひるさんランナウェイ』はありますか？

なんかまざってます！

A

こちらでしょうか

『美晴さんランナウェイ』でしょうか。

短い足で一生懸命逃亡するあひるさん、かわいすぎます。同じ作者の『**ある日、アヒルバス**』と混ざったのだと思われます。こういう場合は「どちらでしょうか？」と両方お出しすると、どちらも借りてくださる方は少なくありません。候補が絞り込みきれないときは、なるべく複数ご案内しています。

『美晴さんランナウェイ』
山本幸久［著］
集英社　2007年

Q

探しています

61

『うらたもり』

ある?

なんかコワいっす……

A

こちらでしょうか

『ブラタモリ』ですね。

若かりし頃の眼帯キャラ、再び……？

1巻が発売されてすぐ、まだ番組名に馴染みがなかった時期に司書が聞き間違えたようです。今は番組もすっかり有名になり、本も20巻近く出ていますので、間違えることはないでしょう。いわゆる「番組本」は、番組を観ていなくても楽しめるものかどうかで所蔵の判断をしています。

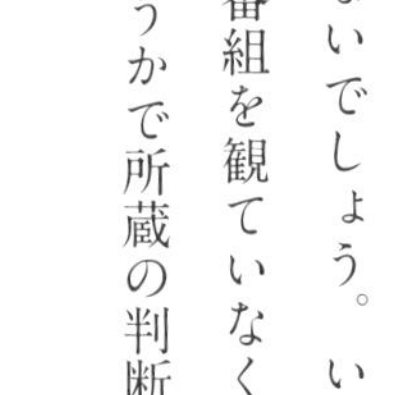

『ブラタモリ』1-18巻
NHK「ブラタモリ」制作班［著・監修］
KADOKAWA　2016-2019年

Q

探しています

62

『国士舘殺人事件』
ってあります?

なんかコワいっす……

A

こちらでしょうか

『黒死館殺人事件』ですね。

大学でいったい何が!?　でも「こくしかん」で変換するとこっちが出ますよね。正解のタイトルは推理小説における「日本三大奇書」に数えられる作品です。本書を含め、小栗虫太郎は書庫に保存してある本が今でも借りられる、長く愛され続けている作家です。

『黒死館殺人事件』
小栗虫太郎［著］
ハヤカワ・ミステリ　1956年　ほか

Q

探しています

63

『オニのいましめ』はどこでしょう？

なんかコワいっす……

A

こちらでしょうか

『老いの戒《いまし》め』でしょうか。

絶対、金棒でこらしめられますよね。著者の下重暁子は『家族という病』などの著作で知られ、特にご高齢の方がよく借りていかれます。『オニのいましめ』と言われると、お孫さんに頼まれた絵本かな……と児童書担当に回してしまいそうです。気をつけます。

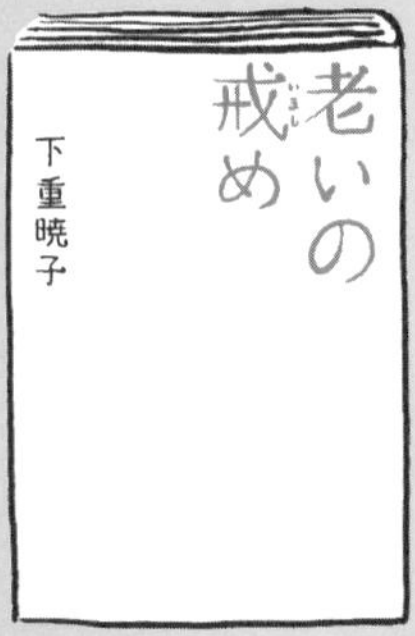

『老いの戒め』
下重暁子［著］
海竜社　2013年

Q

探しています

64

『ひやけのひと』

どこですか？

なんかコワいっす……

A

こちらでしょうか

『火《か》宅《たく》の人』ですね。

こんがり焼けた人がやってきました。家庭を持ちながら奔放に生きる小説家を描いた、作者の私小説とも言われる作品です。あちこち放浪する様子がつづられているので、日焼けくらいしていたかもしれません。

『火宅の人』
檀一雄［著］
新潮社　1975年

Q

探しています

65

『ナニカイル』

なんかコワいっす……

A

こちらでしょうか

『ナニカアル』

こ、怖いですね……。何が見えたのでしょうか。本来のタイトルも怖いですが、ホラーではなく、『放浪記』で知られる林芙美子についての評伝小説です。従軍作家として赴いたボルネオ島で目の当たりにした戦争と、そんななかでの秘めた恋を描き、読売文学賞・島清恋愛文学賞をW受賞しています。

『ナニカアル』
桐野夏生［著］
新潮社　2010年

Q

探しています

66

『とんでもない場所』
どこですか？

なんかコワいっす……

A

こちらでしょうか

『どこでもない場所』はこちらです。

トリックアート画家によるだまし絵の絵本です。水面と地面がつながって洋館が浮かんでいる表紙からして奇妙な世界で、とんでもない場所ではありません。シュールな雰囲気で、大人が読んでも楽しめそうですね。

『どこでもない場所』
セーラ・L. トムソン［文］
ロブ・ゴンサルヴェス［絵］
金原瑞人［訳］
ほるぷ出版　2010年

Q 67 探しています

『ブラック・ジャパン』って本あります？

なんかコワいっす……

こちらでしょうか A

『ブラック・シャンパン』ならございます。

「ブラック企業」ならぬ「ブラック日本」……なんだか社会批判書めいてきましたね。こちらは銀座のクラブのママだった方が書いた小説で、「現代の『黒革の手帖』」とも言われているそうです。ちなみに当館で現在使用している検索機では、中黒「・」が抜けていてもヒットする仕様になっています。以前はそれも完全一致していないと見つからなかったので、大変でした。

『ブラック・シャンパン』
ますい志保［著］
朝日新聞出版　2009年

Q 68

探しています

『そらからおちる』はありますか？

A こちらでしょうか

なんかコワいっす……

『空が落ちる』ですね。

どちらにしても大事《おおごと》です。『天空の城ラピュタ』のパズーみたいに受け止めないといけませんね。シドニィ・シェルダンは根強いファンが多く、お探しの場合も著者名は間違っていないケースが大半です。探す身にもたいへんありがたい作家です。

『空が落ちる』上・下巻
シドニィ・シェルダン［著］
天馬竜行［訳］
アカデミー出版 2001年

Q

探しています

69

『ストラディバリウスはこう言った』って本ありますか？

なんかコワいっす……

A

こちらでしょうか

『ツァラトゥストラはこう言った』でしょうか。

バイオリンが何を言ったのか、気になります。でもたしかに「ツァラトゥストラ」ってなかなか覚えられないですよね。しかも『こう言った』とか『かく語りき』とか、版によって語尾にいろいろなパターンがあります。正確に記憶できている自信がまったくないので、いつも「ストラ」と「ニーチェ」で検索していることをここで告白いたします。これならタイトルの微細な差にも対応できますから……。

『ツァラトゥストラはこう言った』上・下巻
ニーチェ［著］
氷上英廣［訳］
岩波文庫　1967年
ほか、『ツァラトゥストラはかく語りき』などのタイトルのものもあります

Q

70

探しています

『最期の一休』を探してるんですが……

A

こちらでしょうか

なんかコワいっす……

『最後の一球』ですかね。

あの一休さんの晩年を描いた翻訳小説でしょうか。アニメ『一休さん』は海外でも人気だと聞いたことはありますが……。ほかの図書館の司書から提供いただいた事例で、当館では所蔵していない本でした。ただし、島田荘司のミステリー小説で同タイトルのものを所蔵しています。ですので、もしこの問い合わせをいただいていたらそちらを案内していたかも、と震えました。

『最後の一球』
マイクル・シャーラ［著］
浅倉久志［訳］
ハヤカワ文庫　1997年

Q 71

探しています

『ぶるる』みたいな旅行ガイドの本はどこにある？

A こちらでしょうか

なんかコワいっす……

『るるぶ』はあちらです。

「今の利用者さん、『ぶるる』って言ったよな？」「はい、言いましたね」――当館の分館（若狭図書学習センター）では、ひとつのカウンターに職員が2人配置されています。この覚え違いを聞いた2人は、その後こんな会話をしたという記録が残っていました。思わず噛みしめるほどインパクトがあったのでしょう。暖かい地域の特集号だったら違和感がすごいですね。

『るるぶ』
JTBパブリッシング

Q 探しています 72

昔からある
ハムスター
みたいな本
を探してるんだけど……

A

こちらでしょうか

『ハムレット』ならこちらです。

重厚な戯曲がかわいい小動物に早変わりです。これはレファレンスとしては相当な難易度の高さですね。「『昔から』ってどれくらい昔ですか？」「『ハムスターみたい』ってどういうことですか？　動物が出てきますか？」などなど、インタビユーを重ねる必要があります。

『ハムレット』
シェイクスピア［著］
福田恆存［訳］
新潮文庫　1967年　ほか

Q

探しています

73

ハリー・ポッターが
書いた
うさぎの本
ありますか？

A

こちらでしょうか

ビアトリクス・ポターの『ピーターラビットのおはなし』でよろしいですか？

魔法でうさぎが飛び出してきそうですね。こういう場合、要素を分割して考えます。まずは「ハリー・ポッターシリーズではないんですよね？」という確認から。ただ、『ハリー・ポッター』を書いた**J・K・ローリング**の著書には、**『吟遊詩人ビードルの物語』**という童話集があります。『ハリー・ポッター』の作中に登場する魔法界のおとぎ話をハーマイオニーが現代語に翻訳したという設定で、うさぎが出てきます。ですので、こちらの可能性もあるかもしれません。

『ピーターラビットのおはなし』
ビアトリクス・ポター［作・絵］
いしいももこ［訳］
新装版改版
福音館書店 2019年 ほか

Q

探しています

74

ウサギの
できそこないが
2匹でてくる絵本
なんだけど……

A

こちらでしょうか

『ぐりとぐら』のことでしょうか。

名作絵本に対して、もうちょっといい言い方はなかったでしょうか……？　ぐりとぐらは「お料理することと食べることが何より好きな野ねずみ」です。絵本で言うなら『**リサとガスパール**』は耳が長いので、〝ウサギの～〟と覚えられていても納得感があります。気の毒な言われようであることは変わりませんが……。リサとガスパールはウサギでも犬でもない、架空の動物です。

『ぐりとぐら』
なかがわりえこ［作］
おおむらゆりこ［絵］
福音館書店　1967年

Q

探しています

75

男の子の名前で
『なんとかのカバン』
って本あるかしら？

A

こちらでしょうか

『ハリー・ポッターとアズカバンの囚人』でしょうか。

またハリー・ポッター！　「アズカバン」が「なんとかのカバン」になるのはかなりアクロバティックではありますが、同音異義語は覚え違いの定番です。「カバン」で検索すると膨大にヒットしますので、カウンターですぐご回答はできなさそうです。「わかり次第後日お知らせします」とお伝えのうえ、ほかの職員に「これ、なんだと思う!?」と相談して回ることでしょう。

『ハリー・ポッターとアズカバンの囚人』
J. K. ローリング［作］
松岡佑子［訳］
静山社　2001年

Q

探しています

76

独身男性が
若い女の子を
妻にしようとして
色々失敗した話

なんだけど……

A

こちらでしょうか

谷崎潤一郎の『痴人の愛』でしょうか。

間違ってはいないですが、身も蓋《ふた》も情緒もなさすぎます。電気技師をしている独身男性がカフェーの女給の少女を見初め、レディーに仕立てて妻にしようと考えるも、その奔放さに翻弄され、やがて破滅する物語です。「近代日本文学の有名作品で」と添えていただいたら、「書きそうな人は誰だ？」と考えていって見つけられるかもしれません。

『痴人の愛』
谷崎潤一郎［著］
新潮文庫　1947年

Q

探しています

77

『海の男』を借りたいんだけど……

A

こちらでしょうか

『老人と海』だったらございます。

男性が海上でカジキやサメと格闘する物語なので、「海の男」ではあります。ちなみに「海外の小説で、海の生きものと闘う内容で」とご説明いただいた場合、間違って『白鯨』（ハーマン・メルヴィル）をお出ししてしまう可能性もあります。闘う相手が魚類なのか哺乳類なのか、ぜひ教えてくださいね。

『老人と海』
ヘミングウェイ［著］
福田恒存［訳］
新潮文庫　1966年　ほか

Q

探しています

78

『これこれちこうよれ』
ありますか？

A

こちらでしょうか

『日《にち》日《にち》是《これ》好《こう》日《じつ》』でよろしいでしょうか。

お殿様がお呼びです。実はこちら、まったく同じ読み方で『**日々是好日**』と『日日是好日』という2冊の本があります。前者は心理療法のひとつである森田療法の創始者・森田正馬の言葉を解説するもの（大原健士郎、白揚社、２００３年）、後者はお茶を中心に据えたエッセイ集で、黒木華主演、共演は樹木希林で映画化もされました。

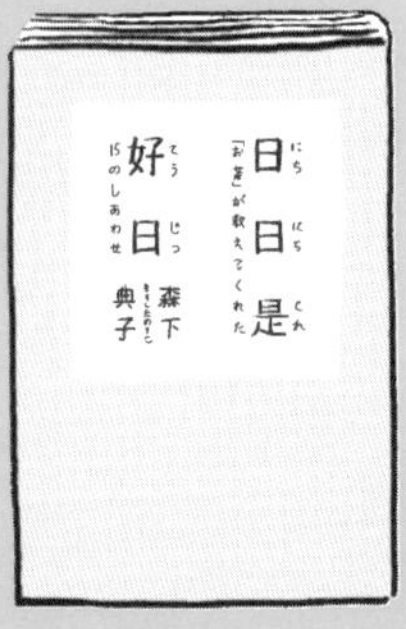

『日日是好日』
森下典子［著］
飛鳥新社　2002年

Q 79

探しています

なんかが強く吹きすぎてる本

なんだけど……

A

こちらでしょうか

『風が強く吹いている』

ですかね。

箱根駅伝をめぐる男子大学生たちの青春小説です。風が強く吹きすぎていたら山道はなおのことつらそうですね。テレビアニメ、実写映画などたびたびメディア展開されている人気作です。

『風が強く吹いている』
三浦しをん［著］
新潮文庫　2009年

よくわかりましたね！

Q 80

探しています

デンマークの心の本 あります?

A

こちらでしょうか

サンマーク出版の『心。』ですね。

よくわかりましたね！

「長い冬を乗り越える北欧流の〝心〟の整え方」的な本かと思ったら、著名な経営者の人生訓でした。全然違いますね。「稲盛和夫」より「サンマーク出版」を記憶にとめていた利用者の心の内がとても気になります。

『心。』
稲盛和夫［著］
サンマーク出版　2019年

Q

探しています

81

偏差値40の女の子が
なんかした本あった
じゃないですか？

A

こちらでしょうか

『学年ビリのギャルが 1年で偏差値を40上げて 慶應大学に現役合格した話』

ですね。

偏差値が40から40上がったら、慶應どころかどんな大学にでも入れそうですね。主人公のもともとの偏差値は30だったそうです。ちなみに質問を受けた司書は、この本が彼女の自伝だといつの間にか思い込んでいたんだとか。正しくは、通っていた塾の先生が書いたノンフィクション。こうして覚え違いは生まれてゆくのです……。

『学年ビリのギャルが1年で偏差値を40上げて慶應大学に現役合格した話』
坪田信貴［著］
KADOKAWA 2013年

Q

探しています

82

職業別のタウンページみたいな本。職業がいろいろ紹介されている。作者はヨウロウタケシ？　カドカワハルキ？　とにかく有名な人

A

こちらでしょうか

村上龍の『13歳のハローワーク』のことでしょうか。

養老孟司、角川春樹が案内する『13歳のハローワーク』も読んでみたいです。それぞれにベクトルの違う過激さがありそうですね。刊行から15年以上経った今でもよく借りられる本です。２０１０年には改訂された新版も刊行されました。

『13歳のハローワーク』
村上龍［著］
幻冬舎　2003年

Q

探しています

83

肌の色

ぼくなんだかブルーな気分なの、
みたいなタイトルの本

ブラッディなんとかさんの
「イエローホワイトときどきブルー」
みたいな感じの本。
3色出てくる

よくわかりましたね！

A

こちらでしょうか

ブレイディみかこの『ぼくはイエローでホワイトで、ちょっとブルー』でしょうか。

著者とアイルランド人の配偶者の間に生まれた息子がノートに書きつけていた言葉がタイトルになりました。「イエローでホワイト」はまさに肌の色にかかわることで、「ブルー」な気分になる場面もある……という内容なので、どれも大きく外れてはいませんね！　なお「ぼく」を漢字変換してしまうと検索では見つからなくなります。図書館で検索をする際は全文ひらがなにするのがコツです。

『ぼくはイエローでホワイトで、ちょっとブルー』
ブレイディみかこ［著］
新潮社　2019年

Q

探しています

84

『ブレードランナー』

ありますか？

A

こちらでしょうか

『アンドロイドは電気羊の夢を見るか？』ならございます。

これが見つかるかは、『アンドロイドは電気羊の夢を見るか？』が映画『ブレードランナー』の原作であると知っているかにかかってきますね。検索ではいかんともしようがありません。なお、当館では所蔵していませんが『ブレードランナー』（ウィリアム・S・バロウズ）という小説が存在し、映画のタイトルの元ネタはこちらなんだそうです。ややこしい！

『アンドロイドは電気羊の夢を見るか？』
フィリップ・K. ディック［著］
浅倉久志［訳］
ハヤカワ文庫 1977年

Q 探しています 85

マツコとかくりぃむしちゅーの番組によくでてくるタレントが、小説を書いていて、しかも賞を取ったらしい

A

こちらでしょうか

いとうせいこうの『想像ラジオ』ならございます。

芥川賞と三島賞にノミネート、受賞したのは野間文芸新人賞です。よくご存知でしたね。それにしても、この3者がよく共演している印象ってあったかしら？と思ったのですが、発売当時は全員がレギュラー出演している番組があったんですね。納得です。

『想像ラジオ』
いとうせいこう［著］
河出書房新社　2013年

Q

探しています

86

へのかっぱみたいな名前の作家の本ある?

A

こちらでしょうか

妹《せ》尾《のお》河童《かっぱ》ですね。

名エッセイストが形無しですね。でも、ほかに作家の「かっぱ」さんはいらっしゃらないので、必ず見つけられます！ ちなみにこのお名前はペンネームでなく本名です。「河童」として広く知られたことで生活に不便が生じ、出生名の「肇」から改名されたのだそうです。自伝小説『少年H』は今でも夏になるとよく借りられています。

『少年H』上・下巻
妹尾河童［著］
講談社　1997年　など

Q

探しています

87

ラムネかサイダー
みたいな名前の新人作家

ミステリーで
何かの賞を受賞した人

A

こちらでしょうか

清《せい》涼《りょう》院《いん》流《りゅう》水《すい》のことでしょうか。

Wikipedia の清涼院流水のページには、小さく〈「清涼飲料水」とは異なります。〉とリンクがあるくらいですからね。爽やかな飲み物っぽさはどうしても感じます。検索のしようがないので、連想でたどり着けるかの勝負になってきます。YouTube の「最強クイズ王集団 カプリティオチャンネル」で「覚え違いタイトル集」がクイズ化されており、クイズ王はこの問題を見事に正解していました。

『コズミック』
清涼院流水［著］
講談社ノベルス 1996年 など

Q

探しています

88

だいぶつじろう
の本ある？

A

こちらでしょうか

大佛次郎《おさらぎじろう》ですね。

これはもう、仕方ない。仕方ないです。文学賞として大佛次郎賞がありますが、文字では見ていても音で聞く機会はめったにないと思います。あまりにも覚え違いの定番すぎて、サイトに載せるのも長いこと忘れていました。

『鞍馬天狗 1』
大佛次郎［著］
朝日新聞社 1981年 など

Q

探しています

89

池波遼太郎

の本はどこにある？

A

司馬遼太郎、もしくは池波正太郎のことかと思いますが……

大御所と大御所のフュージョンですね。１人の肩にたいへんな部数と冊数が乗っています。両者は棚に占めるスペースが大きいので、具体的な作品名がわからない場合は棚にご案内して直接見ていただくこともあります。ときどきあるのが「途中まで読んだのだが、何巻だったかわからない。続きを借りたい」というご相談です。こればっかりは私たちにはお答えできません、ご容赦ください……。

Q

探しています

90

「みやけん」？

A

こちらでしょうか

宮沢賢治のことですか？

こちら、大学図書館の司書からの提供事例です。聞いてきたのはきっと学生なのでしょう。若者特有の、なんでも略して言う文化のあらわれなのかもしれません。あるいは、私たちが知らないだけで、通はこう呼ぶのでしょうか。宮沢賢治を略すという発想はなかったです。

『注文の多い料理店』
宮沢賢治［著］
新潮文庫　1990年　など

そもそも
レファレンスって？
司書の仕事って？

レファレンスってどういうサービス？

「厳選！　覚え違いタイトル集」、いかがでしたでしょうか。楽しんでいただけましたか？

「はじめに」でご紹介した通り、「覚え違いタイトル集」は「図書館のレファレンスサービスの認知向上」という目的を持っています。ここであらためて、レファレンスサービスとは何か、という説明をしたいと思います。

　レファレンスサービスは、司書が図書館の資料等を用いて利用者のみなさんの調査・研究をお手伝いすることです。資料の案内に加えて、お探しの情報に関連する機関などをご紹介することもあります。学術的な問い合わせに限らず、身近な事柄に関する調べものももちろん対象にしています。

　さらに細かく言えば、利用者からの質問に対して回答するという直接的サービスと、利用者が調べものをしたり資料を利用したりしやすいように環境を整える間接的サービスとがあります。「覚え違いタイトル集」はいわば、直接的サービス（カウンターでの質問・回答の記録）を、ほかの利用者の助けになるようにリスト化し公開して間接的サービスにつなげたものです。

　当館のレファレンスサービスは、一般資料に関するカウンターと、子ども室カウンター、郷土カウンターの3ヵ所で受け付けています。子ども資料や郷土資料に関してはそれぞれを担当している職員が配置されるのが基本体制になっています。一般カウンターで受け付けた質問でも、たとえば子どもの頃読んだきりで内容をよく覚えていない絵本を探しているなら子ども室担当者が、地元の歴史に関する詳細な質問は郷土資料担当者が対応することで、迅速に回答できます。

また、当館ではカウンターのみならず、電話やＦＡＸ、郵便でも質問を受け付けています。公式ホームページ上のメールフォームからお申し込みいただくことも可能です。

最も多いのはやはり「この本、ありますか?」という本の所蔵についてのご相談です。そのほかに「自分の先祖の歴史をたどりたい」「地元の偉人の歴史を調べたい」、あるいは「この額縁に飾られた漢文の意味が知りたい」など、さまざまな相談が寄せられます。

２０１９年度は年間１万９７７７件、２０２０年度は１万３９４２件の相談をいただきました。一日当たり50～70件となります（20年度が減っているのは、コロナ禍で来館者が減少した影響と思われます）。

ひとつの質問にかける時間は、最大で2時間程度を基準にしています。私たちの仕事は研究者と違って調べて論文にまとめることではなく、あくまで情報を探すお手伝いであると認識しています。司書が納得のいく答えをどこまでも追求するのではなく、答えにつながる資料をお探しする。それがレファレンスサービスの軸だと考えています。

この数十年で、図書館はもっと地域に開かれたものでなければいけないという意識が自治体の規模を問わず広がってきました。当館でも「なんでも聞いてもらえる環境をつくろう」と、レファレンスサービスに力を入れるようになった経緯があります。

現在の福井県立図書館は2003年（平成15年）2月に移転オープンしました。以前の館は施設として大きなものではなかったですし、調べもの専門のカウンターが設置されていなかったので、相談しづらかったのか、「お忙しいのにすみません」と声をかけられたこともありました。今でもカウンターで「こんなこと聞いていいのかわからないんだけど……」と言われることがあります。利用者の質問を受けることは図書館の業務そのものなのに、まだまだ伝わっていないようで残念です。利用しやすい環境をつくるために、「覚え違いタイトル集」やその他のサービスで、利用者の心理的ハードルを少しでも下げることができたら、と思っています。

検索は「全文ひらがな」と「助詞抜き」がオススメです

ここからは「厳選！　覚え違いタイトル集」に入りきらなかった覚え違い事例を参考に、私たちがどうやって正しいタイトルを見つけているかをご案内していきます。

「この本を探している」というご相談でも、答えへのたどり着き方は一本道ではありません。私たちはクイズ王ではないので、「ラムネかサイダーみたいな名前の新人作家」→「はい！　清涼院流水ですね！」とすぐ正解が出るわけではないのです。その時期に話題になっている作品だったり、運良く自分がよく読むジャンルの関連書だったりすると、そういうこともありますが……。

まず最初に、利用者がおっしゃったタイトルそのままで当館の蔵書を検索します。

「『死ねば良いのに』って本を探していて、題名は合ってるはずなんだけど検索機で見つからなかったんです」

「しねばいいのに、ですね」

司書が検索するとき、タイトルならば基本的に全文ひらがなで入力します。前にも少し触れたように、図書館の検索システムはGoogleなどの検索エンジンとは仕様が違うため、正しくはひらがな表記のところを漢字にしてしまうとヒットしません。

「お探しの本は京極夏彦の『死ねばいいのに』ですか？」

「ありがとうございます、これです！」

よかった、一件落着です！

ただし、ややこしいことに、著者名は逆に漢字で検索したほうが見つかりやすくなることがあります。たとえば当館の蔵書検索では開高健の著作を探すときに間違って「かいこうけん」と入力しても見つかりますが、図書館によっては正しく「かいこうたけし」で検索しないとヒットしない場合があります。このあたりは導入している検索システムによって異なってきますので、いろいろ試してみたり、レファレンスカウンターで尋ねたりしてみてください。

それからもうひとつ、〝助詞の罠〟もあります。

「NHK出版から出ている『感性と哲学』はないですか？」

こんなとき、私たちは「かんせい　てつがく」と間にスペースを入れて検索します。当館の検索システムでは「てにをは」が間違っているとこれまた見つかりません。助詞を抜いて、複数のキーワードから探すほうが確実です。

「『感性の哲学』でしたらございます」

「あ、『の』でしたか。じゃあそれを借りていきます」

Googleで調べる場合、検索対象があまりに多いため、「かんせい　てつがく」ではなかなか書籍情報にたどり着けないと思います。ですが図書館の蔵書検索は基本的に書籍しか登録されていないため、こうしたやり方が可能になります。普段Google検索をよく使う方ほど勝手の違いを感じると思いますが、図書館での検索のコツを覚えていただくとかなり楽になるのではないでしょうか。

ぼんやりうろ覚えでも大丈夫！　お話ししながら見つけましょう

今挙げた2つの覚え違い事例は、もともとかなり正解に近いものです。もっともっとぼんやりしたうろ覚えでのご相談もよくあります。

「『手術はしたけど首から下が動きません』という本を探しているんだけど……」

こういうときは、とにかく利用者に質問をします。

「どんな話ですか？」

「どこで本の存在を知りましたか？」

「日本の本ですか？」

「新しい本か古めの本か、わかりますか？」

こうした一連のやりとりをレファレンス・インタビューと呼びます。レファレンスにおいてはこの過程がとても大事です。

「以前、この図書館の闘病記コーナーに置いてあった本です」

このときは利用者からそんなヒントをもらいました。当館の蔵書検索と合わせて、Google で「手術はしたけど首から下が動きません　闘病」と検索します。

「『命の授業　30万人が泣いた奇跡の実話』ではないでしょうか。本の帯に『手術はしたけど首から下が動きません』と似た文言の記載があるようです」

「あっ、それ!!」

レファレンス・インタビューを重ねていくうちに、利用者自身がだんだんと情報を思い出していくことも多々あります。だからこそとにかく、司書とやりとりをしてみることを強くおすすめしたいです。


　児童書については、なんといっても利用者の記憶が頼りです。

「おばあちゃんから『あれはオニグルミだよ』とかいろんな知恵を授かりながら、雪の日にピクニックする絵本を探しています。題名がわからないんだけど、オニグルミが出てくるのは間違いありません。クイズみたいに話をしながら歩いていくストーリーだったはず」

「ゆき」と「ピクニック」をキーワードにすると複数の本が見つかりますが、「絶対出てくるもの」というヒントがあったので本が特定できました。

「お探しの絵本は『まあばあさんのゆきのひピクニック』だと思います」

「よかった、見つかった！」

　児童書に関しては、あらすじで検索できたり、ものから検索できたりする事典やデータベースが存在します。「昔読んだ、ホットケーキが出てくる本」など、印象に残っているものから本を探すこともできますので、長年気になっているあの本、これを機に探してみませんか。

児童書と郷土資料の分野は一般書より専門的な知識の蓄積が求められます。経験が必要になるため、一度担当になると長くかかわることが多いですが、最近では専用のデータベースがインターネットで公開されることによって担当以外でもかなり探しやすくなってきました。

これくらいうろ覚えでも、断片的な情報しかなくても、大丈夫です。ぜひカウンターに一度いらしてください。お探しのものに一歩近づくお手伝いをいつでもさせていただきます。

「ドッジボールの〝ドッジ〟って何？」と聞かれたら

さて、ここまでは「この本ありますか？」という相談に対するレファレンスをお話ししてきました。レファレンスにはそれだけでなく、より詳細な調べものをする役割も含まれています。

全国の図書館と国立国会図書館が協同でつくっている「レファレンス協同データベース」（通称「レファ協」）というものがあります。各館でのレファレンス事例や調べ方マニュアルなどのデータをオンラインで共有することで、図書館でのレファレンスサービスと利用者の調べものを支援することを目的としています。２０２１年春には、ＮＨＫのニュースサイトで「謎を突き止める 図書館の力がすごかった」と題した特集が掲載されました。「シンデレラのガラスの靴ってどんな形？」「道ばたに落ちていた牛乳瓶の起源を知りたい」といった過去のレファレンス事例が取り上げられ、一部で話題になりました。

当館もレファ協に参加しています。ここでは、少し古いものですが過去に投稿した事例をご紹介しましょう。寄せられた相談はこちらです。

「ドッジボールの〝ドッジ〟ってどこから来た言葉なんでしょう？」

たしかに、由来は何なのでしょう。ドッジボール上達法の本などはそれなりにありますが、おそらくそこには載っていなさそう。ドッジボールの上位概念ってなんだろう……そうだ、「ニュースポーツ」かも。ニュースポーツとは、20世紀後半以降に誕生あるいは広く知られるようになったスポーツを指します。

「ニュースポーツ」をキーワードに蔵書を検索します。すると『ニュースポーツ事典』（北川勇人、遊戯社）と『ニュー・スポーツ百科【新訂版】』（清水良隆・紺野晃編、大修館書店）がヒットしました（10年以上前のことです。現在はさらに複数の関連書籍を所蔵しています）。この2冊を調べたところ、日本にドッジボールを持ち込んだのが東京高等師範学校の大谷武一教授という人物であるらしいことがわかりました。同時に、「全日本ドッジボール協会」という団体が存在していたこともわかりました。そして『ニュー・スポーツ百科』には「『ドッジボール』という名称は和製英語である」と書いてあります。

『ニュースポーツ事典』を取りに行ったとき、『最新スポーツ大辞典』（湯村久治・鈴木富生、国書刊行会）というさらに古い本があることに気づきました。この辞典は、日本で使われているスポーツ用語のうち、英語、フランス語、ドイツ語など各国語に由来する用語７０００余をＡＢＣ順に引けるもので、ドッジボールも載っています。

「dodgeball　ドッジボール。〖dodge（巧みにすばやく体をかわす（動作））＋ball（ボール）〗」（p.121）

次にGoogleで「全日本ドッジボール協会」を検索したところ、一般財団法人「日本ドッジボール協会」の公式サイトが見つかりました。サイト内の「ドッジボールの歴史」には、以下のような記述があります。

「原型はドイツの『ヘッズベル』という現在のドッジボールに似た室内競技をアレンジしたもので『方形デッドボール』と呼ばれ（中略）大正15年、欧米留学から帰朝した東京高等師範学校の大谷武一教授により『ドッジボール』（＊ドッジ＝DODGEとは身をかわすという意味）と改名」

　ドッジボールが和製英語なのだとしたら、大谷教授が「ドッジ」という単語を選んだ理由こそが本当の由来と言えそうです。教授はなぜ「ドッジ」としたのか。著作や論文から命名の由来がわかるのではないかと考え、CiNii Articles（学術論文情報などを検索の対象とする論文データベース・サービス）や当館の蔵書を「大谷武一」をキーワードに検索します。しかし残念ながら、アクセスできる情報はありませんでした。

　ここにもうひとつの可能性があります。それは「〝ドッジボール〟は本当に和製英語なのか？」という点です。試しに、「dodgeball」でGoogle検索をしてみました。すると、アメリカのドッジボールリーグ「National Dodgeball League」やイギリスのドッジボール協会「UK-Dodgeball Association」など、英語のサイトが複数ヒットします。どうやら日本のドッジボールとはルールや競技方法が異なるものの、dodgeballという競技が英語圏に存在することは確かな様子。つまり、「ドッジボール」は一概に和製英語とも言えなそうです。

経緯を含め、以上をとりまとめて利用者に回答します。合わせて、当館では所蔵のなかった大谷教授の著作に関する情報をお伝えしました。これでレファレンスは終了です。

その後、文章を整理してレファ協に事例を投稿しました。このデータベースの存在は、レファレンスの速度の向上に大きく寄与しています。すでにほかの図書館が調べた先行事例が蓄積されていることで、利用者から新たに相談を受けたとき、自館でいちから調べるよりも格段に早く回答が提供できるようになりました。参加館同士で事例にコメントを付けられる機能もあり、「こういう資料もありますよ」など、お互いに補完し合ってより厚いデータベースを目指しています。

レファ協は一般公開・参加館公開・自館のみ参照と、公開レベルが3段階になっています。後者2つはクローズドなのですが、約27万件（2021年9月1日現在）の登録のうち、5割強は一般公開になっており、ウェブ上で閲覧が可能です。調べたいことがあるとき、Googleで「〇〇〇　レファレンス」と検索するとレファ協の事例がヒットするケースもあります。調べものの際に活用されてみてはいかがでしょうか。

旅行をすれば図書館に立ち寄る、それが司書！

ここからは、司書という仕事についてお話しさせてください。

利用者から見える司書といえば、カウンターに座っている姿だと思います。たしかにカウンター業務（貸出・返却カウンター、レファレンスカウンター）は重要な仕事です。カウンター当番がある日は、勤務時間の半分以上その業務に専念しています。ではそれ以外の時間は何をやっているか、ご存知でしょうか？

利用者が本を探しやすいように棚の整頓（当館の閲覧室の図書は約33万冊）をしたり、お探しの本を一緒に探したり、といった外側から見える仕事のほかに、事務室で行っている仕事があります。当館では、各職員に複数の担当業務が割り振られています。たとえば、県内外の図書館との本の相互貸借、資料の登録整理、郷土資料の収集、イベント・特集・展示および研修会等の企画立案・実施、視覚障がい者等サービス（録音図書の制作や貸出など）、図書館システムやホームページの維持管理、各種統計などなど、その内容は多岐にわたります。

また、新たに購入する本の検討も大事な業務です。当館では、館の収集方針に基づき、選書会議を経て購入する本を決定しています。出版取次（流通業者）から配送される本や、地元の書店から取り寄せた本を実際に手に取り検討する「現物見計らい」のほか、新聞書評や出版社のカタログも参考に購入します。司書が個人的に書店に行くことも大事な情報収集となるため、図書館にとっても書店の存在はなくてはならないものです。

司書はやっぱりみんな活字中毒です。さんざん勤務時間に本を扱っているのに、終業後には趣味の読書をし、休日には書店に足を運び、旅行に出かければ旅先の図書館に行ってしまいます。「ここにPOPを置くのか、なるほど～」などと、よその図書館の工夫を見るのは楽しいんです！　でも動きが怪しいのか、バレてしまって、「どこかの図書館の方ですか？」と声をかけられることもたびたび……。

司書課程の先生が言った、「図書館は民主主義の砦なんです」

ただ、全員が全員ものすごく本好きが高じて司書になったのかといえば、必ずしもそうとは限りません。もちろんそういう人もいますが、当館には、就職難の世代だったため「このまま大学を出ても働くところがあるのかな？　何か資格を取っておかないと不安だな」と、司書課程と教職課程を受講し、資格を取得した司書が複数います。

そんな消極的な理由から始まって、「司書になろう！」と志すまでに至るには、司書課程で出会った先生の存在があったそうです。ある司書はこう語ります。

「講義はいつも、『図書館は民主主義の砦《とりで》なんです』という一言から始まりました。先生いわく、

『住民はいつでも誰でも無料で情報にアクセスできる。それを保証するのが図書館です。だから図書館は民主主義の砦なんです』と。毎回毎回、熱を込めて語られる言葉に触れているうちに自分にもその情熱が燃え移ってきて、司書を目指すことに決めました」

実は、同じような経験を持つ人が当館だけでも複数在籍しています。おとなしいイメージを持たれがちかもしれませんが、熱い先生に触発されてこの道に足を踏み入れた熱い人は結構多いんですよ。

大学や短大で司書課程の単位を取得すると資格がもらえます。そこから、各自治体の図書館の求人情報を調べて応募するのが就職の流れです。なお、司書になるには大学や短大で司書課程を履修するほか、短期集中講習を受講して資格を得る方法もあります。

読みたい本をリクエストしてもらっただけで喜べる仕事です

最後に、ある担当司書の個人的な感慨を少しだけ。

採用面接のとき、「図書館員にとっていちばん大事なことは何だと思いますか？」と聞かれました。おそらく、この質問に対する答えは二分すると思います。ひとつには「本の世界に精通していること」、もうひとつは「利用者とコミュニケーションをすること」。もちろん正解はないですし、どちらも大事ですが、「コミュニケーションをすること」と答えた記憶があります。

働き出してカウンターに立つなかでわかってきたのは、本が好きで詳しいことや、図書館全体について勉強することは司書ならばごく当たり前。それ以上に、本を提供するためには利用者とちゃんとコミュニケーションをとっていろんなことを聞き出さないとまったく仕事にならないということでした。そこがしっかりしていないと頼ってもらえる職業人にはとてもなれないな、と思いました。以来、その点は胸に刻んでいます。

最近、すごく嬉しいことがありました。当館では、視覚障がい者の方向けのサービスの拡充を図っています。これは利用者にもよるのかもしれませんが、当館で日々接する視覚障がい者の方はとても遠慮をされるんです。

本を読むのは誰もが持つ当然の権利であって、何冊借りたっていいし「こんな本が読みたい」というのは当然の要求です。ですが、どうしても遠慮されてしまって、「何か読みたいものがあったら言ってくださいね」と繰り返しお伝えしてもなかなか要望を言ってもらえずにいました。ところがある日、「俳句の本が読みたいです」というお手紙をもらったんです。もう、本当にものすごく感動しました！　同時に、利用者が読みたい本を「読みたい」と言ってくれるだけでこんなに喜べるって、なんていい職業なんだ！　とも思いました。

公共施設で働く仕事のなかで、こんなにも多様な方たちと接する職場はなかなかないと思います。意外と肉体労働な面があってつらいときもありますが（笑）、「笑顔にたどり着く、働きがいのある場所にいるんだなぁ」としみじみした幸せを感じます。

おわりに　みんなの図書館

図書館は、年齢も性別も関係なく誰が訪れてもいい場所です。絵本に触れはじめた幼児や、いつまでも好奇心旺盛な高齢者の方、家族や友人と連れ立って来られる方や、一人になりたくて来られる方、読みたい本が決まっている方や、何か面白い本はないか探しに来られる方、急いで調べものをしたい方や、ゆったりとした時間を過ごしたい方……いろんな方がやってきて、その誰をも受け入れる場所。それが、私たちが図書館を愛する所以《ゆえん》のもっとも大きな部分かもしれません。

本を読むことはあらゆる人に認められた権利です。２０１９年には「読書バリアフリー法」（視覚障害者等の読書環境の整備の推進に関する法律）が施行されました。この法律は、障がいの有無にかかわらずすべての方が読書を通じて文字・活字文化を享受することができる社会の実現を目指してつくられました。福井県立図書館でも録音図書や点字本、大活字本などを整備し、さまざまな施策に以前から力を入れています。地域に住んでいる、本を読みたい人すべてが本を読めるようにすること、それは公共図書館の使命のひとつです。

司書課程で学んでいたとき、先生から「人間の営みのすべては学問領域である。そしてそれらがすべて本になる」と言われたことがありました。眠る、料理をする、食べる、歯を磨く、働く、学ぶ、洗濯をする、歩く……その言葉のとおり、何だって本になっています。

「自分は本を読む習慣がないから、図書館は関係ない場所」

そんなふうにおっしゃる方でも、聞いてみるとお料理が好きでレシピ本を読んでいたりすることがあります。自分では本じゃないと思っているものも本なんです。そしてそれが詰まっているのが図書館です。

最近ではカフェを併設しているところができたり、体操教室を開催したり、全国各地で図書館の機能はさらに成長しています。気軽にふらっと立ち寄っていただいて、気持ちよく時間を過ごしてもらえたらいいなと思います。

当館のホームページ内「覚え違いタイトル集」（https://www.library-archives.pref.fukui.lg.jp/tosyo/category/shiraberu/368.html）は、利用者のみなさんからの質問なしには成り立たないサイトです。これが８９３件（２０２１年９月１日現在）ものデータを持つページに育ったのは、利用者の方々、レファレンス相談をしてくださった方々、そして事例の情報提供をしてくださった方々のおかげです。それから、覚え違いが発生するようなタイトルをつけてくれた出版社の編集者の方たちにもお礼を申し上げます。これだけたくさんの本が出版されているからこそ、覚え違いタイトルが生まれます。本をつくってくれている人みんなが、覚え違いの土台を支えてくれているんだと日々感じています。

ところで、情報提供フォームにはときどき「うろ覚えなんだけど、こんな本を探している」という投稿をいただくことがあります。図書館のレファレンスは、司書と利用者のコミュニケーションを通して成立しますので、電話でもカウンターで直接でも、ぜひ一度、ご近所の図書館の司書に相談をしてみてください。やりとりをしながら見つけ出す楽しさを味わっていただけると嬉しいです。そしてその結果を「覚え違いタイトル集」に投稿していただけたら、なおのこと嬉しいです。

「覚え違いタイトル集」の更新は続きます。これからもサイト上で新たな覚え違い事例を楽しんでいただければ幸いです。それでは、今日もカウンターでお待ちしています。

編集協力
斎藤岬、足立桃子

イラスト
多田玲子

装丁＋本文デザイン
大島依提亜、勝部浩代

100万《まん》回《かい》死《し》んだねこ
覚《おぼ》え違《ちが》いタイトル集《しゅう》

N.D.C.015　189p　19cm
ISBN978-4-06-525892-7

二〇二一年一〇月二〇日第一刷発行
二〇二一年一二月一五日第七刷発行

編著者　福《ふく》井《い》県《けん》立《りつ》図《と》書《しょ》館《かん》

発行者　鈴木章一
発行所　株式会社講談社
東京都文京区音羽二丁目一二－二一
郵便番号一一二－八〇〇一
電話　〇三－五三九五－三五二一　編集（現代新書）
〇三－五三九五－四四一五　販売
〇三－五三九五－三六一五　業務

印刷所　株式会社新藤慶昌堂
製本所　大口製本印刷株式会社

定価はカバーに表示してあります。　Printed in Japan

KODANSHA